STATUTS

DE L'ACADÉMIE DU GARD.

Académie du Gard.

Œmula lauri.

Revirescit.

STATUTS
DE L'ACADÉMIE DU GARD.

EXTRAIT *des procès – verbaux de l'Académie du Gard.*

SÉANCE du 10 germinal an XIII (31 mars 1805).

TITRE PREMIER.

ORGANISATION DE L'ACADÉMIE.

ARTICLE PREMIER.

LA société libre des sciences et des arts, établie dans la ville de Nismes, portera le titre d'*Académie du Gard.*

II. Elle aura pour sceau celui de l'ancienne Académie de Nismes, consistant en une couronne de palme, au milieu de laquelle on lit ces mots : *Æmula lauri*. Il y sera ajouté en légende, au-dessus de la couronne : *Académie du Gard* ; et au-dessous : *Revirescit*.

III. L'Académie sera composée de soixante *membres ordinaires*, de cinq *vétérans* au plus, et d'un nombre indéterminé d'*associés*.

IV. Pour pouvoir devenir membre ordinaire de l'Académie, il faudra être né dans le département du Gard ou y résider. Néanmoins la cessation de domicile dans ce département, ne pourra faire perdre à un académicien ordinaire, ni son titre ni ses droits.

V. Les soixante académiciens ordinaires seront divisés en deux classes, savoir ; l'une de trente *membres résidans*, ayant leur domicile de fait dans la ville de Nismes, et l'autre de trente *membres non résidans*, nés ou établis dans le reste du département.

VI. La cessation ou l'établissement de domicile dans la ville de Nismes, fera nécessairement passer un académicien ordinaire de l'une à l'autre de ces deux classes, mais seulement comme surnuméraire, jusqu'à ce que la classe dans laquelle il **aura passé**, **cessé** d'être complète ; alors seulement il en deviendra définitivement membre, et il **pourra** être procédé à son remplacement dans l'autre classe.

VII. Les académiciens vétérans seront choisis, par l'Académie, parmi les académiciens résidans à qui l'âge ou les infirmités ne permettront plus de prendre une part active aux travaux de l'Academie.

VIII. Il ne pourra être accordé de vétérances, qu'autant que la classe des académiciens résidans sera complète. Il n'en sera accordé aucune avant cinq années, à compter du jour de l'adoption des présens statuts.

IX. Les associés de l'Académie ne pourront être choisis que parmi les savans, français ou étrangers, n'ayant pas les qualités exigées par l'article IV pour en être membres ordinaires. Néanmoins l'établissement d'un associé dans le département du Gard, ne pourra ni lui faire perdre son titre ni le rendre de droit membre ordinaire de l'Académie.

X. Les académiciens ordinaires et vétérans seront, d'après leur choix, répartis dans les cinq sections suivantes.

1.re Philosophie et économie politique.

2.e Agriculture, commerce, manufactures, arts et métiers

3.e Mathématiques et physique.

4.e Antiquités et belles-lettres.

5.e Beaux-arts.

XI. La répartition des académiciens entre ces sections pourra être inégale, et chacun d'eux pourra s'occuper d'un travail étranger à celui de la section dont il fera partie.

XII. L'Académie aura un *Président*, un *Vice-Président*, un *Secrétaire*, un *Adjoint* au secrétaire et un *Trésorier*. Ces officiers composeront le *Conseil d'administration* de l'Académie.

XIII. Le président et le vice-président ne pourront rester en exercice deux années consécutives. Le secrétaire sera perpétuel. L'adjoint au secrétaire et le trésorier seront indéfiniment rééligibles.

XIV. Ces officiers, le secrétaire excepté, seront élus à la fin de chaque année pour l'année suivante.

TITRE II.

RÉGIME INTÉRIEUR DE L'ACADÉMIE.

SECTION PREMIÈRE.

Tenue des séances et vacations.

XV. L'Académie tiendra, chaque mois, deux séances ordinaires au moins. Son président pourra la convoquer extraordinairement lorsqu'il le jugera convenable.

XVI. Un individu étranger à l'Académie ne pourra être admis à ses séances particulières que sur la présentation d'un académicien et avec l'agrément du président.

XVII. Chaque séance ordinaire de l'Académie sera ouverte par la lecture du procès-verbal de la séance précédente : le secrétaire donnera ensuite lecture de la correspondance et des projets de lettres qu'il aura été chargé d'écrire au nom de l'Académie ; les commissions en activité feront leurs rapports ; enfin on entendra la lecture des ouvrages des académiciens.

XVIII. L'Académie tiendra, chaque année, une séance publique au moins ; le président en fera l'ouverture par un discours.

XIX. Le secrétaire y rendra un compte analytique des travaux communs de l'Académie, de ceux de chacun de ses membres, et des ouvrages qui lui auront été adressés. Il terminera son rapport par une notice biographique sur les académiciens décédés.

XX. La séance publique sera ensuite remplie par des lectures que feront les académiciens ou associés. Le choix et l'ordre de ces lectures seront déterminées à l'avance, par l'Académie, sur le rapport d'une commission.

XXI. Le procès-verbal de chaque séance publique, comprenant le compte rendu par le secrétaire, sera imprimé et adressé à tous les membres de l'Académie, aux sociétés savantes avec lesquelles elle entretient des relations, aux principaux fonctionnaires du département, et aux rédacteurs des journaux scientifiques et littéraires les plus accrédités.

XXII. On n'entrera aux séances publiques de l'Académie que par billets. Il sera disposé d'une partie de ces billets, d'après une délibération de l'Académie; les autres seront mis, par portions égales, à la disposition des académiciens qui se trouveront alors à Nismes.

XXIII. L'Académie vaquera, chaque année, pendant deux mois au plus.

SECTION II.

Organisation des commissions.

XXIV. Pour la préparation des divers travaux de l'Académie , et l'examen des ouvrages qui lui seront adressés , il sera formé ,
dans son sein , des commissions de 3 , 5 ou
7 membres , selon l'importance des objets dont
elles auront à s'occuper. L'Académie délibé-
rera la formation et la nature de ces commissions. Les membres en seront désignés par le
président.

XXV. Ces commissions ne pourront être
composées que d'académiciens résidans, lorsque leurs travaux seront relatifs au régime
intérieur ou à l'emploi des fonds de l'Académie. Dans les autres cas, les académiciens
non résidans et les associés qui se trouveront
à Nismes , pourront en faire partie.

XXVI. Les officiers de l'Académie pourront prendre part aux travaux des diverses
commissions ; mais ils n'y auront pas voix
délibérative , s'ils n'en font nommément partie.

XXVII. Les fonctions des diverses commissions seront essentiellement temporaires.
Elles ne pourront s'occuper d'objets étrangers

à celui qui aura motivé leur formation ; et elles seront dissoutes de plein de droit, dès que cet objet sera rempli.

XXVIII. A l'ouverture de chaque séance ordinaire de l'Académie, son secrétaire remettra sur le bureau une note des diverses commissions en activité, indiquant le travail dont chacune d'elles est chargée.

XXIX. Toute commission de l'Académie qui ne pourra présenter son rapport à l'époque qui lui aura été fixée lors de sa formation, sera tenue de prévenir ou de faire prévenir l'Académie des causes qui auront retardé l'achèvement de son travail. Si elle néglige cette obligation, ou si les causes de retard exposées par elle ne sont pas admises par l'Académie, la commission sera dissoute, et il en sera nommé une autre pour remplir le même objet.

XXX. Chaque commission aura un rapporteur nommé par elle et choisi dans son sein.

XXXI. Les rapports des diverses commissions devront être écrits, signés de tous leurs membres, et remis sur le bureau de l'Académie.

SECTION III.

Obligation imposée par l'Académie à ses membres.

XXXII. Chacun des membres ordinaires de l'Académie sera assujetti à un tribut littéraire annuel de son choix.

XXXIII. Chaque académicien résidant sera de plus soumis à une contribution annuelle dont la quotité sera fixée chaque année, pour l'année suivante, et qui sera acquittée par avance et par tiers, de quatre en quatre mois, sur les reçus du trésorier.

XXXIV. Chaque nouvel académicien résidant acquittera, en entrant en exercice, le montant d'un semestre de la contribution de l'année, sans préjudice au payement courant.

XXXV. Le récipiendaire ne pourra prendre séance à l'Académie qu'après avoir acquitté le montant de la contribution mentionnée en l'article précédent, et prononcé un discours de réception auquel il sera répondu par le président.

Les séances de réception seront *semi-publiques*. On n'y entrera que par billets dont une moitié sera donnée au récipiendaire, et l'autre moitié répartie comme ceux d'entrée aux séances publiques.

XXXVI. Tout académicien ordinaire sera censé démissionnaire, et comme tel rayé du tableau des membres de l'Académie, s'il a laissé écouler deux années consécutives sans paroître à ses séances, ou sans entretenir de relations avec elle.

Ne sera pas néanmoins compris dans ce délai tout le temps qu'aura passé un académicien hors de France, soit par ordre du gouvernement, soit pour un voyage relatif à l'avancement des sciences.

XXXVII. Les académiciens surnuméraires jouiront de tous les droits, et seront assujettis à toutes les obligations des membres de la classe à laquelle ils seront attachés.

XXXVIII. Les académiciens vétérans jouiront de tous les droits des académiciens résidans, sans être tenus d'en partager les charges.

SECTION IV.

Des fonctions des officiers.

XXXIX. Indépendamment des fonctions dévolues au président de l'Académie, par les art. XII, XV, XVI, XVIII, XXIV, XXVI,

XXXV, LXVIII et LXXXV, il sera char-
gé de maintenir l'ordre dans les délibérations,
d'accorder la parole , de recueillir les opinions et de nommer les membres [des diverses
députations délibérées par l'Académie.

XL. Il aura de plus la garde et l'usage
exclusif du sceau de l'Académie ; il signera
toutes les délibérations , et ordonnancera les
dépenses arrêtées par elle.

XLI. Les attributions du vice-président seront en tout conformes à celles du président,
lorsque celui-ci sera absent.

XLII. En l'absence du vice-président, le
président sera suppléé par le plus âgé des
académiciens présens.

XLIII. Indépendamment des fonctions dévolues au secrétaire perpétuel de l'Académie,
par les art. XII , XVII, XIX, XXVI,
XXVIII et LXVIII, il sera chargé de la
rédaction des procès-verbaux de toutes les
séances , de la correspondance , de l'expédition
des diplômes , et de la tenue de tous les
registres.

XLIV. Il contre-signera toutes les pièces
assujetties à la signature du président.

XLV. Il tiendra un registre de présence
aux séances dont il présentera le relevé , pour

2

chaque année, à l'Académie, au commencement de l'année suivante.

XLVI. Il tiendra également registre de tous les rapports, mémoires et ouvrages quelconques présentés à l'Académie.

XLVII. Il aura la garde de tous les objets scientifiques et littéraires appartenant à l'Académie; il en tiendra un inventaire, et sera chargé de veiller à leur conservation.

XLVIII. Il n'en pourra refuser la communication aux académiciens, mais sans déplacement, à moins d'une délibération préalable de l'Académie; auquel cas, le demandeur sera tenu de lui fournir un reçu, et demeurera seul responsable des dégradations.

XLIX. Le secrétaire perpétuel aura la direction et la surveillance de l'impression de tous les rapports, programmes, mémoires et autres ouvrages publiés au nom de l'Académie.

L. Les attributions du secrétaire-adjoint seront en tout conformes à celles du secrétaire perpétuel, en l'absence de celui-ci.

LI. En l'absence de son adjoint, le secrétaire perpétuel sera suppléé par celui des académiciens présens que désignera le président.

LII. Indépendamment des fonctions dévolues au trésorier de l'Académie, par les art. XII,

XXVI, XXXIII et XXXIV, il sera chargé du recouvrement et de l'administration de tous les fonds de la compagnie.

LIII. Il ne pourra acquitter que des dépenses délibérées par l'Académie, et sur des mandats du président, contre-signés par le secrétaire.

LIV. Il présentera le compte de sa gestion avant la fin de chaque année. Ce compte appuyé des pièces justificatives, sera envoyé à l'examen d'une commission qui en fera le rapport à la séance de clôture.

TITRE III.

DES CONCOURS ET DES PRIX.

LV. L'Académie ouvrira chaque année un concours pour un ou plusieurs prix qu'elle distribuera dans la séance publique qui suivra immédiatement la clôture du concours, si les ouvrages qui lui sont adressés, en sont jugés dignes.

LVI. Le programme des prix sera arrêté chaque année, pour l'année suivante, sur le rapport d'une commission. Il sera lu à la séance publique la plus prochaine, et adressé aux rédacteurs des feuilles périodiques françaises et étrangères les plus répandues.

LVII. Les académiciens ordinaires et vétérans seront exclus du concours. Tout concurrent qui se sera fait connoître, même indirectement, en sera pareillement exclu.

LVIII. Il y aura un intervalle de deux mois au moins entre la clôture du concours et le jugement de l'Académie sur les ouvrages qui y auront été envoyés. Le programme devra annoncer l'époque de cette clôture, et cette époque sera de rigueur.

LIX. Après la clôture du concours, il sera formé, pour chaque sujet de prix, deux commissions, d'un égal nombre de membres, qui seront chargées d'examiner les ouvrages des concurrens. Ces deux commissions feront leurs rapports à la même séance, et l'Académie prononcera dans la séance suivante.

LX. Dans l'intervalle entre ces deux séances, les ouvrages des concurrens resteront déposés sur le bureau de l'Académie, et la communication n'en pourra être refusée à ses membres.

LXI. Il ne pourra être décerné, pour chaque genre de concours, qu'un seul prix qui ne sera point partagé, et un accessit. Il pourra être fait des mentions honorables en nombre illimité.

LXII. Nul concurrent ne pourra obtenir le prix, s'il ne réunit en sa faveur la moitié au moins des suffrages des votans.

LXIII. Les prix seront proclamés et distribués dans la séance publique qui suivra immédiatement le jugement de l'Académie.

LXIV. Les ouvrages couronnés seront lus dans cette séance, en totalité ou par extrait; leurs auteurs auront la faculté de les lire eux-mêmes.

TITRE IV.

DES ÉLECTIONS.

LXV. Nul ne pourra devenir membre ou associé de l'Académie, s'il n'a été préalablement proposé comme candidat par trois académiciens résidans, s'il s'agit d'une place d'académicien ordinaire; et par un, s'il s'agit d'une place d'associé.

LXVI. Nul académicien résidant ne pourra devenir vétéran, s'il n'en a préalablement présenté la demande à l'Académie.

LXVII. Les propositions de candidats et les demandes de vétérance devront être faites

par écrit, motivées, datées et signées par les académiciens qui les auront faites. Les premières devront de plus énoncer l'état et le domicile du candidat, et la classe pour laquelle il est proposé.

LXVIII. Les propositions de candidats et les demandes de vétérance, faites dans les formes prescrites par les articles précédens, seront toujours admises. Ces propositions seront de suite inscrites, en entier et sans lacune, sur un registre de présentation paraphé par le président : elles seront signées au registre par les demandeurs, signées ensuite par le président, et contre-signées par le secrétaire.

LXIX. Les mêmes propositions et demandes seront dès-lors affichées dans la salle des séances de l'Académie, et y demeureront jusqu'à ce qu'elles aient obtenu leur plein effet ou qu'elles aient été retirées par ceux qui les auront faites.

L'un et l'autre de ces deux cas seront indiqués, avec énonciation de date, en marge du registre de présentation, à côté de l'inscription ; et dans le cas où une proposition de candidat ou une demande de vétérance aura été retirée, la note marginale du registre devra être signée par l'un des proposans ou par le demandeur.

LXX. Aucune séance de l'Académie ne pourra être consacrée à des élections, à moins que les billets de convocation n'en aient annoncé l'objet. Ces billets devront de plus indiquer la nature des élections à faire et présenter la liste des candidats pour chaque genre de place.

LXXI. Les académiciens résidans pourront seuls concourir à l'élection des officiers, des académiciens ordinaires et des vétérans. Les académiciens non résidans et les associés présens, à des élections d'associés, pourront concourir à ces élections.

LXXII. Dans les élections d'académiciens, de vétérans et d'associés, les suffrages des votans ne pourront porter que sur des candidats inscrits au registre de présentation depuis vingt jours au moins, s'il s'agit d'un associé ou d'un vétéran, et depuis quarante jours au moins, s'il s'agit d'un académicien ordinaire.

LXXIII. Dans toutes les élections dont l'Académie aura à s'occuper, les académiciens résidans auront seuls la faculté d'envoyer leurs suffrages par écrit. Leur vote devra alors être signé, et il en sera donné communication aux académiciens présens, avant l'ouverture du scrutin.

LXXIV. Le nombre des présens ayant droit de concourir à une élection, joint au nombre des académiciens résidans ayant envoyé leurs suffrages par écrit, formera pour cette élection le nombre total des votans.

LXXV. La réunion de la moitié au moins des suffrages des votans sera nécessaire pour consommer l'élection d'un officier ou d'un associé de l'Académie. Le concours des deux tiers au moins de ces suffrages devra avoir lieu, s'il s'agit de la nomination d'un académicien ordinaire ou vétéran.

Néanmoins l'Académie pourra consommer l'élection d'un associé dans une séance ordinaire ou extraordinaire, sans aucune formalité préalable, si la majorité des académiciens ordinaires se trouve à cette séance, et si leurs suffrages sont unanimes.

LXXVI. Sauf l'exception portée à l'article précédent, toute élection sera faite dans une séance ordinaire de l'Académie, et devra être terminée dans cette séance.

LXXVII. Un règlement particulier déterminera le mode de scrutin à suivre par l'Académie, dans les diverses élections dont elle aura à s'occuper. Ces élections devront toutes être individuelles.

LXXVIII. Tout votant dont le bulletin ne sera pas entièrement conforme aux règlemens de l'Académie, sera censé ne pas concourir à l'élection à laquelle ce bulletin sera relatif.

LXXIX. Toute contravention aux dispositions du présent titre, rendra nulles de plein droit les élections à l'égard desquelles elle aura eu lieu.

TITRE V.

DISPOSITIONS GÉNÉRALES.

LXXX. Outre le travail individuel exigé de chacun de ses membres ordinaires, il sera organisé dans l'Académie un travail commun, soit pour le progrès des sciences physiques et mathématiques, et la propagation des découvertes nouvelles, utiles à l'agriculture, au commerce ou aux arts ; soit pour rechercher, conserver et décrire les inscriptions et autres monumens antiques non encore recueillis ; soit pour recevoir et mettre en état d'être publié les manuscrits de *Séguier*, qui en sont susceptibles.

LXXXI. Aucun rapport, aucun mémoire, aucun travail commun de l'Académie ne pourra être imprimé, sans porter en tête la délibération qui en ordonne l'impression.

LXXXII. Nulle délibération ne pourra être prise par l'Académie sans le rapport préalable d'une commission , toutes les fois que ce rapport sera demandé par le quart du nombre des académiciens présens. Ce rapport devra être demandé avant la clôture de la discussion.

LXXXIII. L'Académie ne recevra aucune proposition , aucune opinion , aucun vote par procureur.

LXXXIV. Les délibérations de l'Académie seront prises par scrutin secret , toutes les fois que ce mode de recensement des opinions sera demandé par le quart des académiciens présens. Ses délibérations devront nécessairement être prises dans cette forme , toutes les fois qu'elles seront relatives aux personnes.

LXXXV. Dans tous les cas où les avis des académiciens présens à une séance , se trouveront également partagés , sur une proposition de nature à exiger une détermination de la part de l'Académie , la voix du président sera prépondérante.

LXXXVI. Tout mémoire , tout ouvrage adressé à l'Académie , sera envoyé à l'examen d'une commission qui lui en rendra compte.

Sont exceptés de cette disposition les ouvrages des académiciens ordinaires , lesquels ne pourront être envoyés à des commissions que sur la demande de leurs auteurs.

LXXXVII. Les académiciens résidans , présens aux séances de l'Académie , auront, seuls , voix délibérative sur tout ce qui con- cernera son organisation, sa police intérieure et l'emploi de ses fonds.

LXXXVIII. L'Académie se réserve la fa- culté de modifier les presens statuts. Aucune modification ne pourra y être apportée sans l'adhésion des deux tiers au moins des aca- démiciens présens à une séance convoquée pour cet objet, et sans un rapport préalable d'une commission nommée par suite d'une demande de révision , écrite , motivée , datée et signée par trois académiciens résidans , et affichée dans la salle des séances de l'Acadé- mie , pendant quarante jours au moins avant la délibération.

LXXXIX. Toute modification aux statuts de l'Académie , qui ne sera point faite dans les formes prescrites par l'article précédent , ne sera point obligatoire pour les académiciens.

XC. Le Préfet du département du Gard sera de droit président honoraire de l'Académie.

XCI. Toutes les délibérations prises par

l'Académie ; relativement à son organisation ; à son régime intérieur et à sa police, antérieurement à l'adoption des présens statuts, sont rapportées.

XCII. Les présens statuts seront transcrits sur le registre des délibérations de l'Académie, imprimés et adressés à tous ses membres ordinaires et associés.

CAVALIER, vice-président.

J. JULIEN TRELIS, secretaire perpétuel.

Pour copie conforme :

J. JULIEN TRÉLIS, secr. perp.

RÈGLEMENT PARTICULIER

ADOPTÉ PAR L'ACADÉMIE POUR SES ÉLECTIONS.

SÉANCE du 10 germinal an XIII (31 mars 1805).

L'Académie du Gard, en conformité de l'article LXXVII de ses statuts , a délibéré qu'à l'avenir les élections dont elle aura à s'occuper, seront faites dans la forme suivante.

Art. 1.er L'élection de chacun des officiers de l'Académie , sera faite par une suite de scrutins individuels. Le premier seulement pourra porter sur tous les académiciens résidans. Après le dépouillement de chacun , il sera retranché de la liste des candidats qu'il aura fournis, la moitié au plus des noms qu'elle présentera ; la réduction portant sur ceux de ces candidats qui auront obtenu le moins de suffrages ; et, au suivant scrutin, les suffrages ne devront porter que sur les candidats conservés sur la liste réduite.

Lorsque , par suite de ces réductions, l'un des candidats aura obtenu en sa faveur la moitié au moins des suffrages des votans , ce candidat sera élu.

II. Si, après le dépouillement de l'un des scrutins, il faut, pour réduire la liste, faire un choix entre plusieurs candidats ayant en leur faveur un nombre égal de suffrages, ce choix sera fait par la voie du sort. Néanmoins si la liste des candidats peut subir une réduction, sans qu'on emploie la voie du sort, on n'y aura pas recours.

III. Pour la nomination des académiciens ordinaires et vétérans, il sera ouvert un scrutin de liste où chaque votant portera sur son bulletin les noms de la moitié des candidats, déduction faite de la fraction, si ces candidats sont en nombre impair.

L'élection ne pourra avoir lieu qu'autant qu'un ou plusieurs candidats auront obtenu les deux tiers au moins des suffrages des votans, et, dans ce cas, celui d'entr'eux qui aura obtenu le plus de voix, sera élu.

IV. L'élection des associés de l'Académie sera faite au moyen d'un scrutin par oui et non ouvert successivement sur les candidats selon l'ordre de leur inscription, et ceux-là seuls qui auront obtenu en leur faveur la moitié au moins des suffrages des votans, seront élus.

V. Si, lors de l'élection d'un officier de

l'Académie ; les votans se trouvent en nombre pair, l'académicien présidant la séance aura
double suffrage dans tous les scrutins de bal-
lottage.

VI. Les cas de partage de suffrages non
prévus par le présent règlement, seront décidés par le sort.

VII. Les autres cas non prévus par le présent règlement, seront décidés par l'Académie, dans la forme ordinaire de ses délibérations ; mais si la détermination prise par elle
est relative à une élection commencée, cette
élection devra être recommencée de nouveau.

VIII. Le présent règlement sera transcrit
sur les registres de l'Académie, et demeurera
affiché dans le lieu de ses séances.

A NISMES, chez la veuve BELLE, imprimeur
de l'Académie du Gard.

www.ingramcontent.com/pod-product-compliance
Lightning Source LLC
Chambersburg PA
CBHW070746280326
41934CB00011B/2809